MÉMOIRES

DE

M. ALFRED PIÉTREMONT

(DE SAINT-CLOUD),

Conducteur des ponts et chaussées et ancien chef de bataillon de la garde nationale.

PRIX : 80 C.

Au profit de l'Orphelinat impérial

À PARIS
AU DÉPOT DE LA LIBRAIRIE BEAU JEUNE, IMPRIMEUR,
78, RUE BONAPARTE.
A VERSAILLES
CHEZ TOUS LES LIBRAIRES
1865

Versailles. — Imprimerie de BEAU jeune, rue de l'Orangerie, 36.

A

SA MAJESTÉ L'EMPEREUR.

A L'EMPEREUR.

SIRE,

Depuis vingt ans, j'ai consacré toutes les forces de mon intelligence et tous les instants que mes fonctions m'ont laissés, à la poursuite d'une œuvre qui intéresse la société tout entière, et particulièrement une classe nombreuse de citoyens : *l'amélioration du sort des cantonniers.*

Dès l'année 1845, je publiais, dans l'*Industriel de la Champagne*, un premier mémoire sur cette question. L'honorable M. Houzeau, représentant de la Marne, allait la soulever devant la Chambre des députés, quand il fut frappé par la mort, malheureusement pour les 40,000 familles qui comptaient sur lui.

M. Léon Faucher, que les agents des ponts et chaussées avaient puissamment contribué à porter à la députation, dans l'espoir de trouver en lui le digne successeur de M. Houzeau, n'a malheureusement pas tenu les promesses qu'il avait faites. Après avoir été successivement député et ministre, il est mort sans que ses mandants eussent obtenu de lui ce qu'ils pouvaient légitimement en espérer.

En 1851, j'ai repris, dans le *Journal de Dunkerque*, cette importante question. De ce moment date contre moi une suite de persécutions, auxquelles je n'avais pas lieu de m'attendre.

Néanmoins je ne me suis pas laissé arrêter dans la poursuite de mon but philanthropique, lorsque, en 1854, la voie des journaux m'a été fermée sur l'ordre de l'ingénieur en chef, M. Lepère, à Beauvais (Oise).

Mon courage n'a point faibli ; et, en 1858, reprenant cette question sur une plus grande échelle, j'ai eu l'honneur d'adresser à Votre Majesté deux mémoires, qui ont été renvoyés aux autorités compétentes.

En 1861, le *Courrier de Dax* publiait un nouveau travail de moi sur le même sujet.

Aujourd'hui, les cantonniers ont une retraite ; peut-être ne suis-je pas tout à fait étranger à cette mesure si équitable.

Tels sont, en quelques mots, Sire, les efforts que, depuis vingt ans, je n'ai cessé de faire pour la réalisation de cette œuvre importante. Mais elle est loin encore d'être achevée.

Permettez-moi, Sire, d'appeler avec respect l'attention de Votre Majesté sur un projet, dont l'exécution serait facilement réalisable et dont l'utilité est facile à apprécier.

Il s'agirait de construire sur les routes impériales et départementales de petites maisons pour y loger gratuitement les cantonniers.

La dépense nécessaire pour exécuter ce projet peut être évaluée à 80 millions. Elle serait facilement couverte, sans grande charge pour l'Etat, en huit annuités. — Cette grande opération procurerait du travail à des milliers d'ouvriers de tous genres; et, sans parler du service des ponts et chaussées, qui y trouverait son compte, on comprend combien les cantonniers, ainsi logés sur les routes, contribueraient à la sécurité des voyageurs.

Sire,

En présence de la haute sollicitude que vous avez toujours montrée pour l'agriculture et l'industrie, connaissant tout l'intérêt que vous portez à la classe ouvrière, je n'hésite pas, dans l'intérêt même de la justice, à m'adresser à Votre Majesté.

J'ose soumettre à sa haute appréciation et recommander à sa bienveillance le mémoire ci-joint, où se trouve, avec les pièces justificatives, l'examen approfondi du projet que je viens d'exposer.

J'ai l'honneur d'être, Sire,

Avec un profond respect,

De Votre Majesté,

Le très-humble et très-respectueux serviteur,

A. PIÉTREMONT (de Saint-Cloud).

Ancien Membre des comices agricoles de la Marne, de la Sarthe en 1843,
Membre associé de la société des sciences naturelles de Seine-et-Oise.

A Versailles, le 10 *septembre* 1865.

Nota. — Sire, dans l'intérêt de la justice et avec des pièces justificatives, un nouveau mémoire sera publié et soumis à la haute appréciation de Votre Majesté.

M. Pron, qui est actuellement Préfet du département de la Manche, est un homme franc, humain et un administrateur distingué. Je ne suis pas flatteur, mais j'aime à rendre hommage à la vérité et chacun selon son mérite.

PRÉFECTURE
de
LA SARTHE.
—
CABINET
DU PRÉFET.

« Le Mans, 31 juillet 1857.

» Monsieur,

» Je suis sensible aux sentiments que vous m'exprimez au sujet de mon départ de la Sarthe, et vous prie de recevoir l'assurance de ma considération distinguée.

A PRON.

PREMIÈRE PARTIE.

AMÉLIORATION DU SORT DES CANTONNIERS

Il fut un temps en France, vers 1842, croyons-nous, où s'abattaient chaque matin, à toutes les vitrines de nos libraires, de tout petits livres jaunes, beaucoup moins scandaleux sans doute que ceux de M. Jacquot, mais, en revanche aussi, beaucoup plus réjouissants : on les appelait des *Physiologies*. C'était une étude spirituelle et mordante de chaque profession sociale, du tailleur à l'agent de change, du bottier à l'économiste, de l'avocat au rémouleur, et du portier à l'homme de lettres. — On n'y trouvait pas, il est vrai, l'anecdote appétissante surprise le soir, par quelque larron d'honneur, à la serrure de la famille, derrière l'écran du foyer. — On ne diffamait personne dans ces espiégleries; elles laissèrent pures toutes nos gloires, et ne jugèrent pas à propos de jeter en pâture, à l'immense curée du scandale, toutes ces réputations éclatantes qui rayonnaient sur la patrie. — On y flagellait bien quelque peu nos ridicules et nos travers, mais tout cela se perdait dans un long et bruyant éclat de rire, qui claquait à chaque page et pouffait à chaque mot. — Le dossier mystérieux de l'homme d'affaires, le cordon du pipelet ahuri, les bavardages de Figaro, le boudoir ombreux d'Aspasie, les tribulations de tous, les misères aussi y étaient quelquefois étudiées avec une certaine teinte de mélancolique compassion qui donnait à ces plaisanteries cordiales une physionomie touchante de plaidoyer attendri.

Les arts, les sciences, les industries, les administrations, les lettres ont tour à tour passé devant cette chambre noire bavarde. Tous les profils s'y coudoyaient ; mais parmi toutes ces figures originales, au milieu de ce fourmillement de croquis, nous avons cherché en vain l'histoire de ce travailleur solitaire et courbé qui nous salue si cordialement quand nous parcourons les grandes routes, et qui s'appelle un Cantonnier. Il y avait pourtant tout un livre à faire sur ce pionnier obscur, rivé de l'aube au crépuscule à cette tâche quotidienne.

Il y avait là surtout une œuvre de réparation à accomplir. — Moins que les derniers employés dans la hiérarchie, un peu plus qu'un ouvrier dans la langue, le cantonnier est un agent intermédiaire dont le nom et les fonctions sont tous les deux empruntés à la belle langue de Goëthe. Il a presque toujours porté l'uniforme, quelquefois même de beaux galons d'or, gagnés à grand renfort de blessures et d'héroïsme aux mêlées des longues batailles. Puis il s'est marié au village à quelque robuste ménagère, et n'ayant pas, hélas ! de champ paternel à semer, ne voulant pas non plus accepter la vie nomade des terrassiers, ces pauvres bohémiens du travail, il a demandé l'héritage de quelque vieillard tombé, vétéran glorieux du labeur ingrat. Il a fait son congé, vient-il dire avec quelque fierté. Il était même sous-officier, ajoute-t-il orgueilleusement, et alors on lui donne un *canton* de route, quelques kilomètres de halage, une plaque au chapeau, et le voilà courbé sur sa pioche, se levant avec le soleil et se couchant souvent après lui. Il passe là douze longues heures, pensif et courbé, quelque temps qu'il fasse, quelque fête qu'il y ait, rivé comme Prométhée à la chaussée de sa station. Il mange là, sur l'herbe, au bord du fossé ou sous quelque tente de paille dont il fut à la fois l'architecte et le charpentier ; puis il reprend sa tâche laborieuse jusqu'au soir à la nuit tombée, et regagne, en compagnie de quelque voyageur attardé, la pauvre maisonnette éloignée, où tant de joies l'attendent au seuil.

La vie du cantonnier est éminemment contemplative. Parfois, aux matins embaumés d'avril, il s'appuie sur le manche luisant où s'use sa main calleuse. Il regarde le ciel à la manière antique, quitte son chapeau de toile cirée, se découvre sous le soleil, semble écouter un instant le silence de la création, puis se remet au travail sans que nul puisse dire si c'est là une distraction instinctive, un hymne intérieur ou une prière recueillie.

Nous le répétons, il y a tout un livre à faire là, peut-être même tout un poëme. Qui sait ?... En attendant que quelque songeur s'en occupe, voici venir au moins un réformateur qui cherche à améliorer le sort des cantonniers. M. Piétremont, conducteur des ponts et chaussées, en ce moment en résidence à Castets, a vécu longtemps et vit encore en ce moment au milieu de cette population laborieuse qui nous occupe. Il a vu ces pauvres résignés courir de longues étapes le matin pour aller de leur domicile à la borne de la station, et reprendre, le soir, après une journée haletante, l'étape de ce long chemin. Il s'est dit alors qu'on ne pouvait pas exiger un travail manuel très-efficace de cet homme lassé de la route, que la marche avait épuisé, et qu'une fatigue nouvelle attendait encore le soir après le travail. M. Piétremont a donc pensé qu'il était possible d'éviter ce double inconvénient, en établissant aux frais de l'État une résidence pour les cantonniers au milieu même de leur canton. Ce serait tout à la fois, dit-il, une économie pour l'État, qui gagnerait en travail le temps dépensé en locomotion, une amélioration importante pour le cantonnier, qui pourrait alors prendre ses repas chez lui, et aurait les bras d'autant plus dispos que ses jambes seraient plus alertes ; un refuge enfin pour le voyageur, que l'isolement de certaines routes expose parfois à tant de mésaventures. Voici en quels termes le *Courrier des Familles* a rendu compte du projet si intéressant de M. Piétremont, que nous désirons sincèrement voir un jour se réaliser. DUBARREAU.

Les routes et les chemins vicinaux sont un des principaux éléments de la prospérité publique, personne ne le nie ; mais on sait également que l'entretien de ces grandes voies est une charge considérable pour le Trésor, et un service auquel il est toujours pourvu imparfaitement, en dépit des efforts de l'administration.

Un grave obstacle au bon service des cantonniers, c'est d'être forcés d'avoir leur domicile très-éloigné de la portion de la route confiée à leurs soins. Ils perdent en marche une partie de leur journée, et arrivent déjà fatigués sur le théâtre de leur labeur.

Or, il y a 40,000 cantonniers en France : en évaluant à une heure en moyenne la perte de temps de chaque cantonnier, il en résulte une diminution de 200,000 journées par an sur tout le territoire.

Un des modestes et utiles fonctionnaires qui vivent parmi les cantonniers, M. Piétremont, vient d'adresser au Gouvernement un mémoire où il propose de construire au bord des routes une maison d'habitation pour chaque cantonnier, et située au milieu de son canton. Il en résulterait une grande économie de temps pour chacun, et les frais de ces constructions, calculés sur le prix des matériaux et des terrains dans chaque contrée, ne s'élèveraient pas à plus de 80 millions, qui, répartis en huit annuités, ne grèveraient que de 10 millions le budget annuel des travaux publics. Amélioration du sort des cantonniers, emploi plus fructueux de leur temps, refuge pour les voyageurs en cas d'accidents dans maintes contrées isolées, tels sont les avantages qui nous paraissent devoir résulter du projet présenté par M. Piétremont.

L'auteur est conducteur des ponts et chaussées à Saint-Cloud. Nous lui renvoyons volontiers les administrateurs désireux de connaître en détail ses idées sur un sujet qu'il a profondément étudié sous toutes ses faces, et qui intéresse à un haut degré la viabilité publique, c'est-à-dire un des eléments vitaux de la prospérité nationale.

L. HERVÉ.

(*Villes et Campagnes* du 21 décembre 1858.)

(*Courrier de Dax*, 28 avril 1861.)

Nous avons reçu de M. Piétremont, conducteur des ponts et chaussées à Castets, le mémoire suivant sur la situation actuelle des cantonniers et les moyens pratiques de l'améliorer. C'est une étude consciencieuse et frappante surtout par la vérité des détails, écrite avec une connaissance profonde du sujet, avec une chaleur de sentiment qui témoigne aussi de toute la sollicitude de l'écrivain.

DUBARREAU.

Les ingénieurs, les écrivains, les pouvoirs publics se sont souvent occupés et s'occupent encore tous les jours, chacun dans leur spécialité ou dans le cercle de leurs attributions, d'améliorer la viabilité des routes.

Sans contester les résulats heureux qui ont pu être obtenus, on peut dire qu'il reste beaucoup à faire pour doter la France de routes parfaites, et principalement les chemins vicinaux, et nous essayerons d'indiquer l'un des moyens à l'aide desquels on pourrait se rapprocher de ce but désirable.

La perfection des routes ne peut être obtenue qu'à certaines conditions, parmi lesquelles il s'en trouve une à laquelle il nous semble qu'on n'attache pas toute l'importance qu'elle a en réalité, à laquelle on ne donne pas toute l'attention qu'elle mérite.

Pour obtenir de bonnes routes, il faut que les hommes chargés de les construire et de les entretenir possèdent toutes les qualités d'un bon ouvrier. Il faut qu'ils aient la connaissance pratique de leur art ; il faut qu'ils soient animés du zèle et de l'ardeur au travail, qui sont la garantie d'une bonne et convenable exécution de la tâche confiée à l'ouvrier, et que celui-ci doit accomplir.

Il est bien entendu que nous voulons parler des hommes chargés de l'entretien des voies macadamisées, ferrées ou pavées.

Sans bons cantonniers, point de bonnes routes possibles. La viabilité des routes dépend de la bonne qualité des matériaux employés ; elle dépend plus encore de l'intelligence, de l'activité dé MM. les ingénieurs et des conducteurs placés immédiatement sous leurs ordres, cela est vrai : mais il n'est pas moins vrai aussi que les meilleurs ingénieurs et les meilleurs conducteurs du globe, faisant employer d'excellents matériaux par de mauvais cantonniers, ne parviendraient pas à faire de bonnes routes et à les bien entretenir ; cela paraît incontestable.

Mieux vaudraient, pour nos routes, des matériaux médiocres employés par d'excellents cantonniers, que des matériaux excellents employés par des cantonniers médiocres.

Ce que nous disons ici des cantonniers est vrai de tous les ouvriers de toutes les professions. C'est le bon ouvrier qui fait la perfection du travail ; cela est encore incontestable.

Mettez entre les mains d'un mauvais boulanger, d'un mauvais charpentier, d'un mauvais menuisier, d'un mauvais serrurier, de la farine, du bois et du fer excellents, vous n'aurez que du mauvais pain, de la menuiserie, de la charpente et de la serrurerie détestables, quels que soient d'ailleurs le savoir-faire et la vigilance du maître, parce qu'il n'y a pas d'instruction théorique qui puisse suppléer au tour-de-main et à l'habileté d'un bon ouvrier. Au contraire, si vous mettez des matériaux inférieurs en qualité aux mains d'ouvriers habiles, ils vous rendront des travaux bien exécutés, d'un bon service, parce que l'habileté de l'ouvrier lui aura fait tirer parti de tous les éléments de succès qu'il avait à sa disposition. Sans doute, parmi les cantonniers il en est qui peuvent passer pour d'assez bons ouvriers ; mais combien peu méritent ce titre ! Le cantonnier n'est, le plus souvent, qu'un manœuvre sans initiative, parce qu'un homme intelligent et actif ne se résout pas volontiers à faire un métier aussi pénible, à subir l'injure du temps pour un salaire à peine suffisant pour le nourrir, et tout à fait insuffisant pour subvenir aux besoins de sa famille. La plupart des cantonniers sont chargés d'enfants, et, depuis quelques années, par suite de la cherté des subsistances, à quelques exceptions près, sont dans la plus grande gêne.

Le cantonnier, en général, travaille parce qu'il craint la réprimande de ses chefs, mais il travaille sans goût et sans plaisir. La plupart d'entre eux considèrent leur emploi comme un en-cas, comme un pis-aller ; ils n'aspirent qu'à le quitter, parce qu'il ne leur offre pas assez d'avantages. Il serait vivement à désirer qu'un tel état de choses cessât promptement, car il nuit considérablement à l'état de nos routes, et par conséquent à l'intérêt général.

Pour arriver à un résultat contraire, il faudrait faire un choix d'hommes intelligents et les traiter assez bien pour les attacher à leur travail, qu'ils accompliraient avec goût, c'est-à-dire avec succès, dès le jour où ils seraient fiers d'appartenir au corps impérial des ponts et chaussées, auquel ils se croient et sont, en effet, complétement étrangers. Si je demande l'amélioration du sort des cantonniers, c'est que je connais par expérience leurs besoins, comme je connais leurs défauts et leurs vertus, étant à leur tête depuis seize ans.

A notre avis, le cantonnier, qui n'est aujourd'hui, nous le répétons, qu'un manœuvre, devrait être élevé au rang de fonctionnaire public, et, conformément au décret impérial, devrait être de la part du Gouvernement l'objet d'une constante et paternelle sollicitude. Et pourtant nul employé civil n'est plus délaissé, plus abandonné à lui-même ; nul n'est moins considéré par toutes les classes d'hommes auxquelles le cantonnier, par sa position sur les routes, est appelé constamment à se mêler, et nul pourtant n'a plus besoin de considération.

Chaque jour se renouvellent des faits qui viennent se placer à l'appui de ce que j'avance : il n'est pas rare que les cantonniers, dans l'exercice de leurs fonctions, soient insultés et menacés par des particuliers, parce que la position qui leur est faite par l'administration ne commande pas suffisamment à leur égard la considération et le respect.

Nous croyons pouvoir affirmer que les choses changeraient complétement de face le jour où le cantonnier, revêtu d'un caractère officiel, lié par le serment, serait placé dans la même position que les gardes forestiers et autres agents de l'autorité, qui, dans l'exercice de leurs fonctions, verbalisent contre les personnes qui commettent des délits dans l'étendue du terrain soumis à leur surveillance. Il me paraît de toute nécessité que les cantonniers soient revêtus d'un uniforme, de manière qu'en les voyant on sache qu'ils appartiennent à un corps impérial : cela seul suffirait pour les faire respecter.

Je me permettrai de faire observer que les cantonniers étant pris de préférence parmi les anciens militaires, ils devraient, à mon point de vue, être armés et équipés comme les douaniers et les gardes forestiers ; dans les malheureux temps de troubles, ils pourraient être réunis par sections et par brigades, et par ce moyen être encore utiles à la société en concourant au maintien de l'ordre et à la défense de la propriété. Quant au choix des chefs pour les commander, il n'est pas difficile d'en résoudre le problème, d'autant plus qu'il existe parmi les chefs-cantonniers, les piqueurs et les conducteurs des ponts et chaussées, un nombre assez considérable d'anciens sous-officiers.

Ces petits détachements de cantonniers armés pourraient se joindre à la gendarmerie, aux gardes champêtres, etc.

Les cantonniers, dans l'intérêt général, devraient aussi être logés au centre des parties de routes confiées à leur surveillance et dans des maisons appartenant à l'État. Les cantonniers, ainsi logés, pourraient facilement correspondre entre eux et protéger, la nuit, les voyageurs contre les malfaiteurs. En cas d'incendie, ils se réuniraient en brigades et iraient le plus promptement possible sur les lieux des sinistres pour y porter des secours et veiller au maintien de la tranquillité publique.

Dans l'administration des postes, par exemple, le facteur est le dernier employé de l'échelle hiérarchique, et pourtant aux yeux du monde il a la confiance publique, et il la mérite.

La société le considère, parce qu'il porte un uniforme qui est le signe visible de l'irréprochabilité de sa conduite. Aussi les facteurs, en général, restent-ils très-longtemps au service de la direction des postes, et contribuent ainsi à la bonne administration d'un service le mieux organisé peut-être de l'univers, et celui dont l'état et les particuliers retirent le plus d'avantages.

Pour arriver à ce résultat, il a fallu que le Gouvernement s'occupât avec prévoyance du bien-être de ces employés en les liant par un serment, en exigeant d'eux un costume qui leur assurât le respect et la considération de tous, en leur assurant après trente ans passés dans l'administration une retraite qui, dans leur vieillesse, les met à l'abri du besoin.

Il en est de même des gardes forestiers et du génie militaire : dans ce dernier, on s'occupe activement de l'homme qui veut rester dans le corps, et au bout de trente ans il peut, s'il le veut, entrer à l'hôtel national des Invalides ou jouir d'une retraite qui, comme celle du facteur et du garde forestier, lui permet de finir paisiblement ses jours, sinon au sein de l'abondance, du moins à l'abri des atteintes de la misère.

Nous croyons que l'administration obtiendra d'excellents résultats de l'assimilation des cantonniers aux facteurs de la poste et aux gardes forestiers, quant au serment, quant à l'uniforme et quant à la retraite après vingt-quatre ou trente ans de service.

Dans le génie civil, le cantonnier peut rendre de grands

services, bien qu'il occupe le dernier rang. Eh bien ! qu'il reste trente ans et plus dans l'administration, beaucoup trop vieux alors pour faire le service, obligé d'abandonner un travail auquel son âge le rend inhabile ; que devient ce malheureux qui aura usé sa vie dans un service pénible, qui aura été en butte aux intempéries des saisons ; qu'aura-t-il pour toute récompense ? L'hôpital ou la mendicité.

Si dans le génie militaire, dans l'administration forestière, dans celle des postes et dans celle des douanes, on assure après trente ans une retraite aux anciens serviteurs, fussent-ils placés aux derniers rangs de la hiérarchie, pourquoi ne pas le faire pour les cantonniers, ces employés subalternes, mais si éminemment utiles ? Il paraît que cela est le résultat de l'oubli, et qu'il suffit de le signaler.

Rien n'attache le cantonnier à l'administration ; l'uniforme prescrit par le règlement, et qu'il serait obligé d'acheter, est trop dispendieux pour sa fortune ; aussi le voit-on sur les routes, le plus souvent, en haillons. En général, un homme mal vêtu et dans un état de mécontentement habituel, résultant de ce qu'il porte envie à tout ce qui l'approche, inspire aux autres peu de respect et de considération.

Le cantonnier le sent et s'en indigne ; il travaille mal et ne tient guère à sa position dans une semblable situation d'esprit ; il n'y tient même plus du tout depuis l'ouverture et la continuation des grands travaux.

Il est temps que l'on s'occupe des cantonniers en leur assurant, par l'uniforme, la considération (bien-être moral), et par la retraite après un service déterminé, la perspective, dans l'avenir, d'un bien-être physique. Par là, on pourra former un personnel de cantonniers habiles, expérimentés, première et indispensable condition à remplir pour avoir de bonnes routes.

Aujourd'hui que rien n'attache les cantonniers à leur place, ils ne craignent pas de cesser leurs travaux ni d'abandonner les cantons confiés à leurs soins; mais que le cantonnier sache qu'à la moindre faute il perd la place à laquelle sont attachées, outre ses émoluments, la considération inhérente à la qualité de fonctionnaire public, et la rente annuelle qui, après un temps déterminé, doit lui échoir inévitablement, il craindra d'être renvoyé et fera son devoir, comme font en général tous les employés subalternes attachés aux administrations des postes, des douanes et forestières, et contribuera de tout son pouvoir à l'amélioration des routes.

Il ne m'appartient pas d'indiquer ici le chiffre de la retraite à accorder aux cantonniers, ni le temps de service après lequel cette retraite leur serait due : l'administration seule possède les éléments d'une fixation. Ce sont, d'ailleurs, des points de détail faciles à régler, et qui le seraient bientôt le jour où l'administration aurait adopté le principe des retraites dues aux cantonniers.

PIÉTREMONT,
Conducteur des ponts et chaussées.

(*Courrier de Dax*, 5 et 11 mai 1861.)

Depuis que la vapeur nous emporte en quelques heures aux extrémités du territoire; depuis que nous nous endormons le soir dans un bon vagon bien commode, pour nous réveiller le matin à Lyon, à Bordeaux ou à Lille, nous ne les voyons plus à l'œuvre, ces patients et laborieux soldats des ponts et chaussées, ces pauvres cantonniers brouettant ou brisant des pierres sur les grandes routes, constamment à leur poste par tous les temps.

Nous ne les voyons plus, mais ils n'en rendent pas moins des services obscurs qu'il faut reconnaître.

Quand vous mangez au mois de janvier des primeurs du Midi, vous dites : « Les chemins de fer font merveille ! » et c'est vrai ; mais les chemins de fer n'auraient pas voituré ces produits si l'agriculteur, le fermier n'avaient eu une bonne route départementale ou vicinale pour les transporter à la station voisine. Les chemins de fer sont des artères, mais ces routes modestes sont des veines, et sans elles les chemins de fer mourraient d'inanition.

Or, qui fait ces routes, qui les entretient ?

Ce sont les conducteurs, ces intelligents sous-officiers du corps des ponts et chaussées ; les agents-voyers en faveur desquels nous réclamions dernièrement une organisation plus intelligente et plus libérale ; ce sont les cantonniers, simples soldats que la gloire, les distinctions, les croix, les médailles, l'avancement ne récompensent jamais de leur rude labeur.

Une circonstance que nous saisissons avec empressement nous permet de parler des services que rendent ces braves gens, d'appeler sur eux l'attention du Gouvernement, comme nous l'appelâmes récemment sur la situation des agents-voyers.

Dans un article publié par nous il y a quelque temps, au sujet des caisses de retraite pour la vieillesse, nous avons simplement mentionné ce fait, que parmi les déposants on remarquait les cantonniers de diverses localités.

M. Alfred Piétremont, ancien sous-officier de l'armée, aujourd'hui conducteur des ponts et chaussées dans le département de la Sarthe, nous adresse à ce sujet un mémoire que son étendue ne nous permet pas de publier, et dans lequel il réclame toute la sollicitude des pouvoirs publics, non en sa faveur, mais en faveur des cantonniers des ponts et chaussées.

M. Alfred Piétremont nous prie de remarquer que le fait cité par nous est exceptionnel, et que les cantonniers, généralement mariés et pères de famille, reçoivent une paye trop faible pour qu'ils puissent assurer leur avenir en versant à la caisse des retraites. Nous le savions bien, et nous ne nous sommes fait aucune illusion à ce sujet. Nous admirions au contraire cette puissance de l'ordre intérieur et de l'économie domestique qui a permis à quelques-uns d'entre eux de réaliser quelques épargnes et de les déposer à la caisse des retraites.

Notre honorable correspondant pose en principe qu'il ne peut y avoir de bonnes routes carrossables sans bons cantonniers; que les conditions de viabilité dépendent sans doute de la bonne qualité des matériaux employés à la construction et à l'entretien des routes, mais qu'elles dépendent plus encore de l'intelligence, de l'activité, de l'habileté des agents de tous grades chargés de cette construction et de cet entretien; qu'il vaudrait mieux pour nos routes des matériaux médiocres employés par d'excellents cantonniers, que des matériaux excellents employés par des cantonniers médiocres.

Ce que l'on dit ici des cantonniers est vrai des ouvriers de toutes les professsions, du boulanger, du menuisier, du serrurier, du charpentier, qui ne feront que du mauvais pain, de la serrurerie, de la charpente, de la menuiserie détestables, quelque parfaits que soient les matériaux qu'on leur confie, s'ils ne sont pas habitués dans leur art.

Or, il y a peu de bons cantonniers, et cela se conçoit. Un ouvrier intelligent et actif ne se résout pas aisément à faire un métier excessivement pénible, à subir toutes les injures du temps, l'ardeur du soleil, la gelée, la pluie, et en vue d'un salaire suffisant à peine pour ses besoins et ceux de sa famille.

Depuis quelques années, la cherté des subsistances a singulièrement aggravé la position de ces travailleurs qui forment une armée de quarante mille hommes environ, disséminés sur tous les points du territoire.

Dans toute l'étendue de la France, la moyenne de leur salaire est, dit-on, de 1 fr. 50 c. par jour.

M. Piétremont propose de diviser les cantonniers en trois classes : la première ayant 2 fr. 25 c. par jour, la seconde 2 fr., et la troisième 1 fr. 75 c., avec retenue de 5 p. 100, qui serait versée à la caisse des retraites. Nous sommes de cet avis ; mais notre correspondant propose en outre d'embrigader, d'enrégimenter, de revêtir d'un uniforme, d'armer les cantonniers, d'en faire au besoin un corps complémentaire de la gendarmerie, et ici nous nous séparons complétement de lui.

Il n'y a dans certains esprits que trop de tendances à enrégimenter, à caserner, à mener les hommes au son de la trompette et du tambour. Ces esprits théoriques ne se doutent pas que, par l'application de leurs doctrines, ils nous conduiraient à un abrutissant communisme. Et puisque nous touchons à ce sujet, qu'il nous soit permis de rectifier en passant l'erreur d'un de nos lecteurs, qui nous reprochait bien à tort d'avoir fait du communisme en demandant la généralisation des versements aux caisses de retraite. Nous avons dit et nous redisons que l'épargne pourrait être obligatoire pour chacun en vue de la retraite, mais que la caisse des retraites devrait être une institution libre et aussi indépendante de l'État que le sont les caisses d'épargnes.

Cela dit, nous revenons à notre sujet. On peut parfaitement améliorer le sort des cantonniers sans les enrégimenter et sans les armer. N'ont-ils pas un uniforme, celui du du travail ? En fait d'armes, ils ont la brouette, la pelle, le marteau, les outils créateurs ; quand vous les aurez chargés d'une carabine et d'un poignard, les routes seront-elles mieux entretenues ? On ne fait pas bien deux choses contraires. Vous ne songeriez pas à charger le gendarme de casser des pierres et de macadamiser des routes ; pourquoi voudriez-vous que le cantonnier fît le métier de gendarme et apprît la charge en douze temps ?

Non ! défions-nous de cette déplorable manie de casernement. On comprend l'armée, où chaque homme a son numéro matricule et son bâton de maréchal dans sa giberne. Ce bâton n'en sort pas souvent, mais enfin il y est. Est-ce que le cantonnier, le conducteur lui-même ont jamais eu dans leur giberne le brevet d'ingénieur des ponts et chaussées ? Pourquoi donc vouloir assimiler des objets si dissemblables ?

Que l'État, les départements, les communes exigent des conditions d'activité, d'intelligence pratique, de moralité, de santé de la part des cantonniers, qu'on élève leur salaire proportionnellement à leur travail, qu'on les divise par classes de façon à faire naître parmi eux l'émulation, c'est, nous le croyons du moins, tout ce qu'il est possible et raisonnable de faire ; c'est tout ce que demandent les cantonniers eux-mêmes, classe laborieuse et intéressante, digne de toutes les sympathies.

Le moment est prochain, d'ailleurs, où il deviendra indispensable de songer très-sérieusement à une réorganisation du personnel employé aux routes : notre système de communications intérieures pour les routes ordinaires jure tellement avec la perfection et la rapidité de nos chemins de fer, qu'il est impossible de ne pas combler, au moyen d'améliorations intelligentes, l'abîme qui sépare ces deux modes de transport. Il est telle localité où, pour franchir les huit ou dix lieues qui les séparent d'une station de chemin de fer, les produits de la terre mettent plus de temps qu'il n'en faut pour aller de Paris à Bordeaux, et cela par suite du mauvais état des routes vicinales. Toute le bénéfice de la rapidité des chemins de fer est ainsi perdu, et nos compagnies seraient atteintes aussi bien que le serait notré prospérité intérieure si, dans un temps très-rapproché, nous ne portions sur ce point notre sollicitude.

Ainsi que le dit avec raison notre correspondant, pour faire de bonnes routes il faut de bons agents. Ayons donc d'habiles conducteurs, des agents-voyers intelligents et actifs, des cantonniers sachant leur état ; rémunérons leurs services et assurons leur retraite, mais gardons-nous de les transformer en soldats ; bornons-nous a exiger d'eux qu'ils soient bons ouvriers.

LOUIS JOURDAN.

(*Siècle*, 18 juin 1858.)

Cette question nous est peu familière, on le comprendra ; mais elle a été traitée avec quelque succès dans le *Journal de Dunkerque*, par un de nos conducteurs des ponts et chaussées, M. Alfred Piétremont, et nous ne refuserons pas d'élever comme lui et avec lui la voix en faveur d'une classe que nous savons peu heureuse et bien digne pourtant de l'intérêt qui lui est comme refusé.

Le travail de M. Piétremont demanderait, ce nous semble,

plus ou mieux qu'un article de journal ; c'est une question humanitaire importante, digne d'occuper les hommes qui se vouent à prêcher l'amélioration de toutes les classes méritantes et laborieuses.

Est-ce à l'établissement des voies ferrées qu'il faudrait attribuer l'espèce d'insouciance qui frappe ces utiles ouvriers ? Il serait triste de penser qu'une industrie assise sur ces immenses capitaux, mais qui n'exclut pas cependant le travail, l'entretien, la viabilité de tant d'autres voies non moins utiles, non moins profitables au pays, deviendrait la ruine de ces tant nombreux travailleurs, et que la fatigue corporelle de ces hommes se verrait moins rétribuée que les faciles courses de ces agents des compagnies de chemins de fer, occupés sans doute, mais non de ces travaux rudes qui vieillissent avant l'âge nos cantonniers, travaux exécutés le corps incessamment courbé, soit aux ardeurs d'un soleil brûlant, soit au milieu de froids intenses, exposés, en un mot, à toutes les intempéries des saisons les plus diverses.

Bien différents en cela de ces milliers d'ouvriers qui transportent les wagons de nos grandes compagnies, les cantonniers, eux, ont besoin de savoir leur métier, d'avoir fait un apprentissage. Sans bons cantonniers, point de bonnes routes possibles ; avec de mauvais ou inhabiles ouvriers, toute la science des ingénieurs, toute l'activité des conducteurs seraient vaines ; matériaux et travail ne produiraient que de mauvais résultats !

Le travail du cantonnier est si pénible qu'on ne le comprend que largement payé, et pourtant il est rétribué avec une inconcevable parcimonie ; de là, un va-et-vient continuel parmi ces travailleurs, qui n'acceptent leurs emplois que comme occupation du moment, jusqu'à ce que leurs recherches et d'utiles recommandations leur aient procuré une autre et plus avantageuse position.

Pour arriver à un résultat contraire, voici comment s'exprime M. Piétremont et ce qu'il propose :

« Il faudrait faire un choix d'hommes intelligents et les traiter assez bien pour les attacher à leur travail, qu'ils accompliraient avec goût, c'est-à-dire avec succès dès le jour où ils seraient fiers d'appartenir à l'administration des ponts et chaussées, à laquelle ils se croient et sont en effet complétement étrangers.

» A notre avis, le cantonnier, qui n'est aujourd'hui, nous le répétons, qu'un véritable manœuvre, devrait être élevé au rang de fonctionnaire public, conformément au décret impérial ; il devrait être de la part du gouvernement l'objet d'une constante et paternelle sollicitude : et pourtant nul employé civil n'est plus délaissé, plus abandonné à lui-même ; nul n'est moins considéré par toutes les classes d'hommes auxquelles le cantonnier, par sa position sur les routes, est appelé constamment à se mêler, et nul pourtant n'a plus grand besoin de considération.

» Nous croyons pouvoir affirmer que les choses changeraient complétement de face le jour où le cantonnier, revêtu d'un caractère officiel, lié par le serment, serait placé dans la même position que des gardes forestiers et autres agents de l'autorité, qui, dans l'exercice de leurs fonctions, verbalisent contre les personnes qui commettent des délits dans l'étendue du territoire soumis à leur surveillance.

» Il me paraît de toute nécessité que les cantonniers soient revêtus d'un uniforme, de manière qu'en les voyant on sache qu'ils appartiennent à un corps national ; cela suffirait presque pour les faire respecter. »

Il est une triste et frappante vérité, c'est que l'avenir ne traite pas mieux que le présent cet utile travailleur ; qu'il reste trente ans et plus dans l'administration, beaucoup trop vieux alors pour faire un service qui exige de la vigueur, il aura usé sa vie dans ce service pénible, en butte aux intempéries des saisons, et pour toute récompense, pour toute retraite, il aura l'hôpital et la mendicité.

Certes, si jamais retraite a été gagnée, c'est bien par les travailleurs-cantonniers ; et tout ce que nous pouvons souhaiter, c'est qu'un travail plus complet soit adressé à l'administration supérieure, à l'Assemblée législative elle-même. Nous aimons à espérer que des demandes aussi justes seraient prises en considération.

VICTOR LETELLIER.

(*Indépendant* de Dunkerque et Bergues, 26 novembre 1851.)

COMMISSION
DES PÉTITIONS.

—

N° 13002.

CONSEIL D'ETAT.

Paris, le 5 août 1858.

Monsieur,

J'ai l'honneur de vous informer, par ordre de M. le Conseiller d'Etat président de la commission des pétitions, que la demande adressée par vous à Sa Majesté, à la date du 1er juillet 1858, au sujet de l'amélioration du sort des Cantonniers, vient d'être renvoyée à S. Exc. M. le Ministre de l'agriculture, du commerce et des travaux publics, avec la pièce jointe au sujet de l'amélioration du sort des cantonniers.

Agréez, Monsieur, l'assurance de ma considération distinguée.

Le Secrétaire de la Commission des pétitions,

LESAGE.

N. B. Les nouvelles demandes et pièces que vous auriez à produire pour le même objet devront être adressées, à l'avenir, à M. le ministre des travaux publics.

COMMISSION

DES PÉTITIONS.

N° 18447.

CONSEIL DÉTAT.

Paris, le 19 novembre 1858.

Monsieur,

J'ai l'honneur de vous informer, par ordre de M. le Conseiller d'État président de la commission des pétitions, que la demande adressée par vous à Sa Majesté, à la date du 21 septembre 1858, au sujet du logement des Cantonniers, vient d'être renvoyée à S. Exc. M. le Ministre de l'agriculture, du commerce et des travaux publics.

Agréez, Monsieur, l'assurance de ma considération distinguée.

Le Secrétaire de la Commission des pétitions.

LESAGE.

N. B. Les nouvelles demandes et pièces que vous auriez à produire pour le même objet devront être adressées, à l'avenir, à M. le ministre des travaux publics.

MINISTÈRE
DE L'AGRICULTURE, DU COMMERCE
ET
DES TRAVAUX PUBLICS.

DIRECTION GÉNÉRALE
des Ponts et Chaussées
ET
des Chemins de fer.

DIVISION
des Routes et Ponts.

1er BUREAU
ROUTES IMPÉRIALES.

Mémoire concernant l'établissement de maisons pour l'habitation des cantonniers.

ACCUSÉ DE RÉCEPTION.

Paris, le 4 décembre 1858.

Monsieur,

J'ai l'honneur de vous accuser réception de votre Mémoire relatif à l'établissement sur les routes et sur les chemins vicinaux, de petites maisons destinées à servir à l'habitation des Cantonniers.

Recevez, Monsieur, l'assurance de ma considération.

Le Ministre de l'agriculture, du Commerce et des travaux publics.

Pour le Ministre et par autorisation :

LE CONSEILLER D'ÉTAT
Directeur général des ponts et chaussées et des chemins de fer.
DE FRANQUEVILLE.

M. PIÉTREMONT, *Conducteur des ponts et chaussées, à Saint-Cloud, rue Mulet, 3 (Seine-et-Oise).*

PONTS ET CHAUSSÉES

SERVICE HYDRAULIQUE.

ASSAINISSEMENT
et
MISE EN VALEUR
des
LANDES.

(Loi du 19 juin 1857.)

CANTONNIERS.

Propositions d'organisation.

Dax, le 27 avril 1861.

Monsieur,

J'ai l'honneur de vous renvoyer le dossier que vous m'avez communiqué, relatif à l'organisation du personnel des Cantonniers : je vous remercie de cette communication. J'ai pris connaissance de ces pièces avec intérêt.

Recevez, Monsieur, l'assurance de mes sentiments distingués.

L'Ingénieur ordinaire,

CROUZET,

Ancien directeur du domaine de Solférino (Landes), appartenant à S. M. l'Empereur.

NOTA. Une lettre de félicitations de M. DUGUÉ, ancien ingénieur en chef du département de la Marne, est annexée à mon dossier depuis 1856.

J'ai commencé 1845. A. PIÉTREMONT.

Versailles. — Imp. BEAU, rue de l'Orangerie, 36

DEUXIÈME PARTIE.

DÉFENSE DE LA FABRIQUE DE PONTGIVART

ET

DU CHATEAU DE BRIMONT

DIVERS AUTRES SINISTRES.

DEUXIÈME PARTIE.

DÉFENSE DE LA FABRIQUE DU PONTGIVART

ET

DU CHATEAU DE BRIMONT.

DIVERS AUTRES SINISTRES.

RÉVOLUTION DE 1848.

DÉPARTEMENT DE LA MARNE.

ARRONDISSEMENT DE REIMS.

Défense de la fabrique du Pontgivart et du château de Brimont.

Pendant ces temps critiques, j'ai la conviction d'avoir fait mon devoir; j'ai aussi celle d'avoir empêché le pillage et l'incendie du château de Brimont et de la fabrique de Pontgivart.

J'ai quitté le foyer domestique ; j'ai laissé entre les mains des médecins ma femme, qui venait d'accoucher et qui était très-malade. J'ai couru jour et nuit, afin d'engager les habitants à défendre les propriétés menacées. Comme l'esprit de la population n'était pas favorable à leurs propriétaires, j'ai été obligé d'en rendre compte à diverses reprises à l'autorité supérieure, et de demander que la cavalerie qui était à Reims vînt, par sa présence, en imposer à la population, qui était plus disposée à brûler le château de Brimont et la fabrique de Pontgivart qu'à les défendre. J'ai fait loger les dragons, qui avaient été mis à ma disposition, dans le château de M. le vicomte de Brimont, afin de le défendre le plus énergiquement possible.

Il m'a même été reproché, dans la soirée du 21 mars 1848, à Loivre, en présence de plus de cinquante personnes, que j'étais vendu à M. Croutelle, propriétaire de la filature de Pontgivart.

Ce qu'il y a à déplorer dans ce grand drame politique, c'est que la fabrique de Fléchambault, à Reims, appartenant au propriétaire de Pontgivart, a été incendiée par la malveillance.

En 1834, un bataillon du 14e léger est venu à Reims pour protéger ces mêmes propriétés, et il était commandé par M. le chef de bataillon Roguet, actuellement général, sénateur et premier aide de camp de S. M. l'Empereur.

PIÈCES JUSTIFICATIVES.

N° 1.

MAIRIE
DE LA
VILLE DE REIMS
(Marne).

Objet.

« Reims, le 26 février 1848.

» Les filatures de Reims sont en ce moment investies par l'émeute; il est à craindre que l'établissement de Pontgivart ne soit à son tour attaqué.

» Dans ces circonstances, l'administration provisoire remplissant les fonctions du sous-préfet de l'arrondissement, supplie et requiert au besoin M. le chef de bataillon de Bourgogne de prendre ses mesures pour qu'au besoin les gardes nationaux sous ses ordres, principalement ceux des communes environnantes, puissent voler au secours de l'établissement de Pontgivart.

» *Signé* : ÉMILE DÉRODÉ. »

(Ancien Représentant du peuple).

Depuis cette époque, j'ai appris que le propriétaire avait reçu une indemnité considérable : c'est la loi. (*Avis au peuple.*)

N° 2. « Nous, maire de la commune de Bourgogne, vu l'avis en date de ce jour, à nous transmis par l'administration provisoire de la ville de Reims ;

» Requérons M. le Chef de bataillon cantonal de Bourgogne de réunir immédiatement la garde nationale de cette commune pour un service public très-urgent, dont le motif lui a été communiqué.

» A Bourgogne, en la Mairie, le 27 février 1848.

» *Signé :* QUANTINET. »

Observations.

Mes dispositions étaient prises avant que je reçusse les ordres précités, et j'ai passé la nuit du 26 au 27 février à Pontgivart. Je me suis installé chez le sieur *Dequet*, aubergiste à l'entrée de cette commune, et cette auberge est située à la jonction des chemins d'Orainville et d'Aumenancourt-le-Petit, chemins par lesquels les émeutiers pouvaient s'emparer de l'usine dont il est question.

Mon intention était de faire miner le petit pont en pierre qui est situé à l'entrée de Pontgivart, et de le faire sauter à l'approche des insurgés. A cet effet, je m'étais procuré une quantité suffisante de poudre pour procéder à cette opération.

Le 27 février, j'ai fait connaître à l'administration municipale de la ville de Reims que je prenais position à Brimont. Cette commune étant située sur un mamelon très-élevé, de ce point je pouvais dominer toute la plaine et les routes environnantes ; je l'ai choisi pendant les mois de février, mars, avril et juin pour diriger toutes mes opérations stratégiques.

Les émeutiers, sachant que je parcourais jour et nuit les villages pour engager les habitants à se soulever contre eux, se sont contentés d'envoyer des éclaireurs les 26, 27, 28 et 29 février 1848.

N° 3.

« Bourgogne, le 2 mars 1848.

» Monsieur le Chef de bataillon,

» Je verrai M. le Curé ce soir ; et demain, je vous ferai connaître le jour du service.

» J'ai l'honneur, Monsieur le Chef de bataillon, d'être

» Votre très-humble serviteur.

» *Le maire, signé :* QUANTINET. »

Le lendemain, un service funèbre a été célébré en mémoire des victimes de la révolution de 1848, et une touchante allocution a été prononcée à ce sujet par M. le curé de Bourgogne. Cette allocution a été vivement sentie par tous les habitants, et ensuite a eu lieu la bénédiction des drapeaux confiés à la garde nationale.

Le 21 mars 1848, les ouvriers se soulèvent de nouveau à Reims, le château de Brimont et la fabrique de Pontgivart sont de nouveau menacés d'être pillés, incendiés ; et comme j'étais parfaitement renseigné par le sieur *Soignart*, ouvrier maçon, chargé d'une nombreuse famille, *lieutenant* de la garde nationale de Brimont, homme de cœur et de courage, et par les cantonniers placés sous mes ordres, je me suis empressé de demander l'ordre suivant du commissaire du Gouvernement, *l'honorable M. Adolphe David*, qui a si bien mérité de la patrie, et qui était le bienfaiteur de ses amis.

N° 4. « *Le commissaire spécial du Gouvernement* pour l'arrondissement de Reims, considérant que, dans l'intérêt de l'ordre et de la sûreté publique, il peut importer que la garde nationale du canton de Bourgogne soit réunie instantanément, autorise le chef de bataillon Piétremont à la réunir, en totalité ou en partie, si l'utilité lui en était démontrée.

» Reims, le 21 mars 1848.

» *Signé :* DAVID. »

NOTA. M. David a été créé chevalier de la Légion d'honneur, récompense bien méritée.

Muni de cet ordre, j'ai agi selon les circonstances, et les émeutiers n'ont pas osé attaquer les propriétés désignées à leur vengeance. Comme j'avais eu l'honneur de servir sous les ordres de MM. *Mellinet*, *de Sparre*, *de Debrotonne*, *de Lussy*, aujourd'hui généraux et colonels, j'avais été à bonne école, et j'agissais, dans ces tristes circonstances, d'après les leçons que j'en avais reçues. Les habitants ne comprenaient rien à mes marches et contremarches.

Voulant toujours en imposer aux incendiaires par la force des armes, étant renseigné exactement, par mes cantonniers et par le sieur Laurent, concierge de M. de Brimont, des mauvaises intentions de la populace de Reims, de Loivre, de Bourgogne et de Pontgivart, j'ai demandé l'autorisation de réunir extraordinairement la garde nationale du canton de Bourgogne, pour prouver à l'écume de la société que je veillais toujours sur la propriété, la religion et la famille ; et le sous-commissaire du gouvernement m'écrivit ce qui suit :

N° 5.

SOUS-PRÉFECTURE
DE REIMS
(Marne).

Objet.

GARDE NATIONALE

BATAILLON CANTONAL
de Bourgogne.

« Reims, le 12 mars 1848.

» Citoyen commandant,

» D'après la demande que vous m'en avez faite par votre lettre du 10 de ce mois, je vous autorise à passer, le 26 du courant, une revue générale du bataillon de garde nationale dont vous êtes chef.

» Salut et fraternité.

» *Le délégué du commissaire spécial,*
signé : Eugène COURMEAUX. »

Le 11 avril, l'établissement du gaz, les importantes fabriques et maisons de plaisance des environs de Reims sont encore menacés, et j'ai reçu l'ordre suivant :

N° 6.

« Reims, le 11 avril 1848.

» Le citoyen Piétremont, commandant du bataillon cantonal de Bourgogne, est autorisé à réunir immédiatement le bataillon en armes pour veiller à la défense des points qui pourraient être menacés.

» *Le délégué du commissaire, signé :* E. COURMEAUX. »

N° 7.

« Reims, le 11 avril 1848.

» Les dragons envoyés dans la commune de Brimont y sont détachés pour servir d'ordonnances au chef de bataillon Piétremont, commandant la garde nationale du canton de Bourgogne; ils devront, en arrivant, prendre les ordres de cet officier supérieur, qui loge chez le Maire. »

(*Sans signature.*)

*

N° 8. « Les deux dragons *Genty* et *Sauvageot*, qui ont déjà servi d'ordonnances au chef de bataillon Piétremont, commandant la garde nationale du canton de Bourgogne, sont autorisés par leur capitaine à retourner auprès de cet officier supérieur pour le service d'ordonnances.

» Le maréchal-des-logis-chef voudra bien leur donner l'ordre en conséquence.

» *Le capitaine commandant, signé :* BIETREX. »

» Reims, le 12 avril 1848. »

N° 9. « Je soussigné, reconnais avoir reçu d'un *dragon*, envoyé par M. Piétremont, commandant cantonal du canton de Bourgogne l'ordre de mettre la garde nationale sous les armes.

» Courcy, le 11 avril 1858.

» *Le maire, signé* : AUGÉ. »

N° 10. « Je reconnais avoir reçu du dragon *Genty* la correspondance que vous avez dictée.

» Salut et Fraternité.

» Fresnes, le 11 avril 1848.

» *Le capitaine* LAJOYE. »

N° 11. « Monsieur le Chef de bataillon,

» J'ai reçu la lettre que vous m'avez envoyée par un brigadier de dragons.

» Vos ordres seront immédiatement exécutés.

» Recevez l'estime de celui qui a l'honneur d'être votre serviteur et ami.

» *Le maire, signé :* DELABRUYÈRE. »

» Loivre, le 11 avril 1848. »

N° 12. « Le soussigné, maire de Bourgogne, a reçu cejourd'hui, de M. le chef de bataillon de la garde nationale de Bourgogne, l'ordre de réunir la garde nationale de notre commune et d'envoyer un détachement à Brimont.

» Bourgogne, le 11 avril 1848, à quatre heures du soir.

» *Signé :* QUANTINET. »

N° 13. « Nous, maire d'Aumenancourt-le-Petit, certifions au citoyen Piétremont que j'ai reçu ses ordres du 11 avril 1848 pour faire monter la garde.

» Salut et fraternité.

» *Signé :* LALLEMANT. »

Aumenancourt-le-Petit, le 11 avril 1848.

N° 14. COMMUNE D'AUMENANCOURT-LE-PETIT.

« L'an mil huit cent quarante-neuf, le premier mai, nous, maire et conseillers municipaux de la commune d'Aumenancourt-le-Petit, certifions et attestons que M. Piétremont, conducteur des ponts et chaussées, chef de bataillon de la garde nationale du canton de Bourgogne en 1848, est venu, le 11 avril et plusieurs jours de suite, *même pendant la nuit*, nous prévenir des événements de Reims; *enfin, qu'il a fait preuve, pendant ces temps de dangers, d'un citoyen zélé pour l'ordre, et que sa conduite à cet égard ne mérite que des éloges.*

» En foi de quoi, nous délivrons le présent acte comme gage de remercîments des services qu'il nous a rendus.

» Aumenancourt-le-Petit, le 1er mai 1849.

» *Signé :* REMY PROUVAY, TONNELLIER, LALLEMANT, TAILLART, HÈVE, PRÉVOTEAU et PROUVAY. »

NOTA. Distance de Reims à Pontgivart, dépendant de la commune d'Aumenancourt-le-Petit, 14 kilomètres.

N° 15.

COMMUNE DE BRIMONT.

« Les soussignés, maire et conseillers municipaux de la commune de Brimont, attestent que M. Piétremont, ancien chef du bataillon cantonal de Bourgogne, a rempli ses fonctions avec un zèle *au-dessus de tout éloge.*

» Le 26 février 1848, lors des troubles qui ont éclaté à Reims, dans la crainte que les désordres se propageassent dans les campagnes, M. Piétremont vint aussitôt dans plusieurs communes de son bataillon, et notamment à Brimont, pour mettre quelques compagnies sur pied, pour faire face à l'ennemi en cas d'attaque.

» Les mêmes scènes se succédant et des bruits sinistres se faisant entendre, M. *Piétremont* s'est de même rendu à Brimont, pour mettre quelques hommes en état de défense, les 21 mars et 11 avril 1848.

» Enfin, le 25 juin, les campagnes sont menacées. M. Piétremont vole aussitôt dans toutes les communes de son bataillon pour donner l'éveil, et Brimont est choisi comme point central des opérations stratégiques.

» C'est ainsi que, par une *activité, une vigilance* dont M. Piétremont a donné tant de preuves, ce dont nous lui sommes reconnaissants, *nos campagnes ont été épargnées.*

» Brimont, le 26 février 1849.

» *Signé :* Prévoteau, *maire,* François Malteau, *adjoint,* Georget, H. Demolin, Chéruy, Laurent, Doyen, Boulogne, Charpentier, Prévoteau, Molteaux et Badu, *conseillers.* »

SOUS-PRÉFECTURE
DE
REIMS.
—
N° 16.

« Reims, le 25 juin 1848, trois heures trois quarts.

» Citoyen,

» Je vous remercie vivement de vos offres patriotiques. J'ai confiance que l'ordre ne sera pas troublé à Reims; s'il en était autrement, j'aurais recours à vous et vous donnerais des instructions.

» Salut et fraternité.

Le délégué, signé : Eugène COURMEAUX.

N° 17.

COMMUNE DE BOURGOGNE.

« Nous, maire de la commune de Bourgogne, chef-lieu de canton, arrondissement de Reims (Marne), certifions que M. Piétremont était chef de bataillon de la garde nationale de la circonscription de Bourgogne en 1848; qu'il s'est dévoué entièrement, même au péril de sa vie, pour le maintien de l'ordre et de la sûreté publics, pendant les journées et les nuits des 26, 27, 28, 29 février, 21 mars et 11 avril suivants.

» En foi de quoi nous lui avons délivré le présent, pour valoir ce que de raison.

» Bourgogne, le 7 décembre 1858.

» *Le maire, signé :* QUANTINET.

» Vu par nous, soussignés, membres du conseil municipal, certifiant le présent certificat sincère et véritable.

» *Ont signé :* QUANTINET, C. BAUQUAIRE, G. RIFFLARD, BUISSET, MANICHON, MANICHON, PRÉVOTEAU et GROUD. »

DÉPARTEMENT de la MARNE. — ARRONDISSEMENT de REIMS. — N° 18.

« Nous, soussigné, *Piot* (*Jean-Baptiste*), membre du conseil municipal de la commune de Courcy, *ancien chef de bataillon de la garde nationale du 2e canton* (*extrà muros*) de la ville de Reims, demeurant au hameau de Laneuvillette, près Reims, *commune de Courcy*, département de la Marne.

» Certifions que M. Piétremont (Alfred), *conducteur des ponts et chaussées* à la résidence de Reims, et chef de bataillon de la garde nationale du canton de Bourgogne en février 1848, a déployé une activité remarquable au maintien de l'ordre, et que, par son zèle et son dévouement, il a contribué à la sûreté publique, et, par des dispositions *énergiques*, à la conservation de l'importante usine de *Pontgivart*, menacée pendant les fatales journées de février 1848.

» La Neuvillette-Courcy, le 20 décembre 1848.

» *Signé :* PIOT,

» LAPIE, *capitaine,* LECLÈRE, *sous-lieutenant.* »

» Vu à la Mairie de Courcy-la-Neuvillette, le 21 décembre 1858, pour légalisation des signatures Leclère, Lapie et Piot, apposées ci-dessus.

» *Pour le maire absent,* BAUDESSON ROUGER, *adjoint.* »

N° 19.

MAIRIE DE COURCY-LA-NEUVILLETTE.

« L'adjoint de la commune de Courcy-la-Neuvillette, pour le maire absent, certifions à qui de droit qu'il est à notre pleine connaissance que M. Piétremont était chef de bataillon de la garde nationale de la circonscription de

Courcy-la-Neuvillette en 1848, qu'il s'est dévoué entièrement (*même au péril de sa vie*) pour le maintien de l'ordre et de la sûreté publique pendant les journées des 26, 27, 28 et 29 février, 21 mars et 11 avril suivants, et qu'il a fait preuve de *dévouement et d'un grand courage* pour remplir les fonctions dont il était chargé.

» Pourquoi nous lui avons délivré le présent certificat pour lui servir et valoir ce que de droit.

» A la mairie de Courcy-la-Neuvillette, le 21 décembre 1858.

» *Pour le maire absent, signé :* BAUDESSON ROUGER, *adjoint.* »

COMMUNE DE LOIVRE.

N° 20. « Nous, maire de la commune de Loivre, soussigné, certifions que M. Piétremont était chef de bataillon de la garde nationale de la circonscription de Bourgogne en 1848 ; qu'il s'est dévoué entièrement pour le *maintien de l'ordre et de la sûreté publique*, en février, mars et avril 1848.

» En foi de quoi nous lui avons délivré le présent pour valoir ce que de raison.

» Loivre, le 22 décembre 1858.

» *Signé :* DELABRUYÈRE, *maire.* »

DÉPARTEMENT DE LA MARNE.

—

ARRONDISSEMENT DE REIMS.

—

RÉVOLUTION DE 1848.

—

COMMUNE DE FRESNES.

N° 21. « Nous, soussigné, *maire de Fresnes*, certifions à qui il appartiendra que le sieur *Piétremont* était conducteur des ponts et chaussées en 1848 dans l'arrondissement de Reims, et ancien chef de bataillon de la garde nationale du canton de Bourgogne; qu'il est à ma connaissance, comme étant à cette époque conseiller municipal, que ledit Piétremont a fait *preuve de courage et de dévouement*, en nous prévenant, à *différentes nuits*, lors de l'incendie de la fabrique de M. *Croutelle*, de Reims, et notamment nous prévenant qu'une *bande* de révoltés se dirigeait sur le château de Brimont et sur la fabrique de Pontgivart.

» En foi de quoi nous lui délivrons le présent pour lui servir et valoir.

» Fresnes, le 15 janvier 1859.

» *Signé :* LESPAGNOL. »

NOTA. Distance de Reims à Fresnes : 14 kilomètres.

N° 22.

« Reims, le 26 janvier 1859.

» Monsieur,

» J'ai reçu la lettre que vous m'adressez en date du 12 décembre dernier; c'est seulement le 25 janvier qu'elle m'est parvenue, et je ne sais même par quelle voie.

» Je vous ferai observer que, lors des événements des journées de février 1848, je n'étais pas en Champagne. Je n'ai pas quitté Paris; par conséquent, il me serait difficile de pouvoir donner un certificat sur des faits qui se passaient à quarante lieues du point où je demeurais. A cette époque aussi, je n'étais pas maire de la commune de Brimont, puisque c'était M. Prévoteau qui en remplissait les fonctions, et je crois que ce serait plutôt à lui à vous délivrer le certificat que vous me demandez. — Je vais parler à M. Prévoteau pour l'engager à vous envoyer ce certificat, et je ne doute pas qu'il ne soit très-empressé de répondre à vos désirs.

» *J'ai bien entendu parler de votre zèle à soutenir l'ordre, et des services que vous avez rendus dans ces jours d'effervescence ; je vous en loue beaucoup, et vous avez pu apprécier tous les sentiments* des honnêtes gens à votre égard ; mais vous comprenez que je ne puis certifier comme maire des faits qui se passaient quatre années avant mon entrée en fonctions.

» Veuillez, Monsieur, recevoir l'assurance de mes sentiments les plus distingués.

» *Signé :* H. RUINART DE BRIMONT. »

NOTA. M. le vicomte Ruinart de Brimont père était justement vénéré dans le département de la Marne.

EXTRAIT DE L'*INDUSTRIEL DE LA CHAMPAGNE.*

« Jeudi 11 septembre 1851.

N° 23. » Par décision ministérielle en date du 5 courant, M. Piétremont, conducteur des ponts et chaussées, est envoyé à la résidence de Dunkerque. Cet employé sera regretté à Reims, où il a, pour tous les travaux confiés à sa surveillance, et dans différentes circonstances critiques, donné l'exemple du zèle et de l'énergie. Depuis quinze années qu'il a pris part au service tant civil que militaire, M. *Piétremont* a su se concilier l'estime de ses concitoyens, qui l'ont, à diverses reprises, nommé d'abord officier dans la garde nationale de Reims, ensuite chef de bataillon pour le canton de Bourgogne. Les meilleurs témoignages, dans ces différentes fonctions, prouvent son dévouement constant au bien public.

» La commune d'Isles-sur-Suippe, ainsi que le conseil

municipal de Caurel, par une lettre collective, l'ont remercié du bon accueil et des améliorations que sa vigilance avait assurés aux routes qui desservent ces communes. C'est à son initiative que peut être attribué également le macadamisage de la route qui traverse le faubourg de Laon, et que nous voudrions voir exécuter sur une plus grande étendue.

» *Signé :* Martin. »

EXTRAIT DE LA *CONCORDE DE REIMS*.

Nouvelles locales.

« 12 septembre 1851.

N° 24. » M. *Piétremont*, conducteur de 2e classe des ponts et chaussées, passe du département de la *Marne*, où il a rendu de nombreux services, à la résidence de *Dunkerque*. Nous connaissons peu d'employés qui aient autant de titres que M. *Piétremont* à la reconnaissance et à l'estime de ses concitoyens. *Son activité*, *son zèle*, *son dévouement* sont connus dans l'arrondissement de Reims, où il laisse les meilleurs souvenirs. On se souvient avec quelle vigueur et quelle spontanéité M. *Piétremont*, chef de bataillon de la garde nationale de Bourgogne, se porta, lors de l'incendie qui dévora l'établissement de M. *Croutelle*, à la filature de Pontgivart et au château de Brimont, qui sans sa présence, eussent été *infailliblement attaqués*.

» Pour citer encore une circonstance mémorable où M. *Piétremont* fit preuve de décision, de courage et de sang-froid, on se rappelle l'orage épouvantable qui éclata sur la ville de Reims, dans la nuit du 14 au 15 août 1848. L'eau descendait par torrents des rues adjacentes, et elle eut bientôt couvert la place de l'Esplanade et le bas de la rue Cérès; se précipitant avec fracas dans les caves, elle sapait des constructions déjà fort ébranlées. Le péril était imminent. Les habitants, craignant d'être ensevelis sous les décombres de leurs maisons, fuyaient épouvantés. Dans cette circonstance, M. *Piétremont* entra dans les maisons au risque d'être écrasé, et parvint à étançonner les bâtiments dont la chute paraissait inévitable.

» Des services pareils ne sont pas de ceux qu'on oublie; aussi nous joignons-nous de tout notre cœur aux regrets sympathiques dont le changement de M. *Piétremont* est l'objet.

» *Signé :* Eugène BAICHÈRE. »

L'honorable M. Bruyas, commissaire de police actuellement à Versailles, et qui remplissait les mêmes fonctions à Reims, a fait preuve de dévouement et de courage dans cette triste circonstance, et sous mes yeux.

A. PIÉTREMONT.

NOTA. L'établissement de Pontgivart appartient au beau-père de M. Tarbé de Saint-Hardouin, ingénieur en chef du département de la Seine-Inférieure, et, dans mon second Mémoire, je ferai connaître à mes lecteurs quelques particularités à leur sujet.

DÉPARTEMENT DE L'OISE.

ARRONDISSEMENT DE BEAUVAIS.

En 1854, le 26 octobre, j'étais occupé à la surveillance d'un grand atelier de ramassage de pierres destinées à l'entretien de la route impériale n° 31, de Rouen à Reims. Me trouvant au plateau des Mille-Maux, en revenant à Beauvais, j'aperçus dans la commune de Fouquenies, qui est située au pied du plateau des Mille-Maux, une épaisse fumée qui s'élevait à une assez grande hauteur. Je crus d'abord que c'était un cultivateur qui brûlait de mauvaises herbes, mais malheureusement il en était autrement : c'était le commencement d'un violent incendie, qui pouvait, par l'agglomération des maisons, avoir des suites beaucoup plus graves. Je pense, dans cette triste circonstance, avoir rendu un grand service à cette commune.

PIÈCES JUSTIFICATIVES :

EXTRAIT DU *JOURNAL DE L'OISE.*

« 4 novembre 1854.

N° 25. » Fouquenies. — Nous recevons quelques détails sur ce qui s'est passé à l'incendie qui a éclaté à Fouquenies le 26 octobre dernier, vers quatre heures du soir. Au moment où les flammes commencèrent à paraître, il n'y avait presque personne dans le village, la plpart des habitants se trouvant occupés aux travaux des champs. C'est par des agents de l'administration des ponts et chaussées, de service dans les environs, que les premiers secours furent, nous assure-t-on, organisés : c'étaient MM. *Piétremont,* conducteur des ponts et chaussées; Delafolie cantonnier. Bientôt, grâce aux sons du tocsin, des secours nombreux arrivèrent du dehors; les pompiers de Troissereux, du Plouy et de Saint-Lucien, ces derniers sous la conduite de M. Caron, leur capitaine, se hâtèrent d'amener leurs pompes. Grâce à leurs efforts, on parvint à circonscrire le foyer de l'incendie et à s'en rendre maître. Parmi les travailleurs, on remarquait au premier rang M. le curé de Troissereux et un autre ecclésiastique dont le nom nous échappe, et M. Wallet, maître maçon, qui a fait preuve d'un courage digne des plus grands éloges.

» Une instruction est commencée sur la cause de ce sinistre. »

N° **26**. COMMUNE DE FOUQUENIES.

« Nous, maire de la commune de Fouquenies, canton de Beauvais, département de l'Oise, certifions et attestons que, le 26 du mois d'octobre dernier, dans l'après-midi, M. *Piétremont, conducteur des ponts et chaussées, a rendu dans notre commune un service signalé*, en portant les premiers secours dans un incendie qui s'est manifesté avec violence dans des bâtiments remplis de grains et fourrages.

» *Sa conduite à cette occasion est surtout digne de tous éloges, car, par son zèle infatigable*, il a surtout contribué à en arrêter le cours, en faisant sonner l'alarme par un de ses subordonnés, le nommé *Delafolie, cantonnier sur la route impériale n°* 31, et, en dirigeant les premiers travaux, se trouvant presque seul sur le lieu du sinistre.

» Aussi nous ne manquons pas, au nom de la commune, de le remercier en lui délivrant le présent certificat, en témoignage du *courage sans bornes* dont il a fait preuve en cette affreuse circonstance.

» Délivré à Fouquenies, à la mairie, le 10 décembre 1854.

» *Le maire, signé :* POILIN. »

DÉPARTEMENT DE LA SARTHE.

Débordement de la Sarthe et incendie.

Le 6 juin 1856, lors du débordement de la Sarthe, je me promenais à six heures du soir sur les bords de cette rivière ; j'étais à 200 mètres environ du pont suspendu, quand je vis tomber à l'eau l'homme qui travaillait à l'enlèvement des aiguilles de *l'Écluse*. Apercevant sur le bord de la Sarthe une petite barque montée par deux hommes qui, par leur indécision, compromettaient l'existence de ce malheureux ouvrier, qui avait néanmoins la réputation d'un habile nageur et d'un habile plongeur, je montai d'autorité, en ma qualité de conducteur des ponts et chaussées, sur cette embarcation, et donnai aux deux hommes l'ordre de prendre le large pour porter du secours à cet ouvrier, qui ne reparaissait plus à la surface de l'eau.

Un des deux hommes qui montaient la barque était l'éclusier ; cet agent perd la tête, et laisse tomber à l'eau la seule rame qui servait à nous conduire. Il fut impossible dès lors de porter secours à ce malheureux, qui périt, et dont le corps ne fut retrouvé que huit jours après. (*Voir le procès-verbal de la gendarmerie.*)

Dans ce moment, nous avons couru un danger réel. La Sarthe débordait, l'eau couvrait une partie du grand pré, nous étions entraînés par la force des eaux vers les piles du pont du chemin de fer ; et, sans le secours d'un sieur Gayet, cantonnier des chemins vicinaux, qui nous a fait parvenir au moyen du courant une grande perche, notre bateau se brisait contre ce pont.

Affaire du 16 novembre 1856.

Je devais être encore acteur dans un drame d'un autre genre sur le port du Mans, dans une maison en proie aux flammes. Dans cette circonstance, ce n'est pas à une noyade que j'ai été exposé, mais j'ai risqué d'être brûlé ou d'être étouffé par la fumée.

Il était environ neuf ou dix heures du soir; j'étais au nombre des travailleurs, lorsque M. *le Procureur impérial du Mans* demanda un homme de bonne volonté pour faire visite dans une chambre située au premier étage de la maison incendiée. Aucune personne de la localité ne répondant à l'appel de ce magistrat, comme fonctionnaire et même comme homme, j'ai cru devoir répondre à cet appel. J'ai pénétré dans cette chambre, non pas par l'escalier, mais par le dehors, au moyen d'une mauvaise échelle.

Il y avait à peine dix minutes que j'étais dans cette chambre, que le plancher s'enflamme sous mes pieds et que la fumée me force à suspendre ma visite. M. *le Procureur impérial*, voyant mieux que moi-même le danger que je courais, exigea que je descendisse. (*Voir le certificat.*)

DÉPARTEMENT DE LA SARTHE.

N° 27. « Cejourd'hui, six juin mil huit cent cinquante-six, à dix heures du soir; nous, soussigné, *Maubert* (*Louis*), brigadier de gendarmerie à la résidence du *Mans*, département de la Sarthe, revêtu de notre uniforme, et conformément aux ordres de nos chefs, certifions que, nous trouvant sur le pont *Napoléon*, au Mans, et regardant dans la direction du pont en fil de fer, nous avons remarqué un individu tomber dans la Sarthe et plusieurs personnes se diriger de ce côté ; nous nous sommes empressé de courir à cet endroit où, étant, nous avons remarqué *cinq ou six individus* montés dans deux petits bateaux circulant sur la rivière et faisant tous leurs efforts pour retirer l'individu qui se noyait, ce à quoi ils n'ont pu parvenir, pas même à retirer le cadavre, malgré les recherches qui ont duré *pendant deux heures au moins.*

» Le noyé est un nommé *Cruchet* (*François*), âgé de soixante-deux ans, couvreur, demeurant au Mans, section de Saint-Gilles. Au moment où il est tombé à l'eau, il était occupé, avec et pour le compte du nommé *Bigot*, éclusier, demeurant au Mans, à lever les portes de l'écluse située sous le pont suspendu ; ce malheureux, ayant fait un faux mouvement, a perdu l'équilibre et est tombé à la renverse au milieu de la rivière ; *sachant nager*, il s'est maintenu à la surface de l'eau pendant quelques minutes, et, entraîné par le courant, qui est très-rapide en cet endroit, il a parcouru une distance de cent cinquante mètres environ avant de s'enfoncer pour ne plus reparaître. Tout porte à croire que son cadavre aura été emporté à une distance assez éloignée du Mans.

» De tout ce que dessus, nous avons rédigé le présent procès-verbal en double expédition, dont l'original sera adressé à M. *le Procureur impérial du Mans*, et la copie transmise hiérarchiquement à M. le chef d'escadron, *commandant la gendarmerie de la Sarthe, au Mans.*

» Fait et clos au Mans, les mois et an que dessus.

» *Signé :* MAUBERT. »

N° 28. « Je, soussigné, *Mallet* (*Jean*), *marchand épicier*, rue du Quartier-de-Cavalerie, certifie sur l'honneur que M. *Piétremont, conducteur des ponts et chaussées*, a monté dans un bateau où j'étais moi-même, le 6 juin 1856, à six heures du soir, et qu'il a fait les efforts nécessaires pour sauver le sieur *Cruchet*, qui se noyait dans la Sarthe, et *au péril* de sa vie.

» En foi de quoi, je donne la présente attestation.

» Au Mans, le 30 novembre 1856.

» *Signé :* Jean MALLET. »

N°. 29. « Je, soussigné, *Pelletier*, *commissionnaire*, certifie que M. *Piétremont*, conducteur des ponts et chaussées au Mans, a, le 6 juin 1856, à six heures du soir, fait tous ses efforts pour sauver le sieur *Cruchet*, qui se noyait dans la Sarthe, et *au péril de sa vie*.

» Au Mans, le 30 novembre 1856.

» Pour le sieur Pelletier,

» *Signé :* Femme POURIAU. »

N° 30. « Je, soussigné, *Gayet* (*Louis*), *cantonnier*, travaillant boulevard de la Sarthe, certifie que M. *Piétremont*, conducteur des ponts et chaussées, a, le 6 juin dernier, sur les six heures du soir, travaillé le plus énergiquement possible sur la rivière pour le sauvetage du nommé *Cruchet*, noyé dans cette malheureuse journée.

» Au Mans, le 6 décembre 1856.

» *Signé :* GAYET Louis. »

N° 31.

PARQUET DU PROCUREUR IMPÉRIAL.

« Le Mans, 26 novembre 1856.

» Le *Procureur impérial* soussigné certifie, pour rendre hommage à la vérité, que M. *Piétremont* (*Alfred*), *conducteur des ponts et chaussées*, a fait acte *d'énergie* et d'un *certain courage* en pénétrant dans une pièce haute d'une maison située au Mans, sur le port, en proie aux flammes, à l'occasion d'une vérification qu'il était utile de faire immédiatement dans cette pièce.

» *Le procureur impérial, signé :* CHAMAILLARD. »

MINISTÈRE
DE L'AGRICULTURE, DU COMMERCE
et
DES TRAVAUX PUBLICS.

CABINET
du
SECRÉTAIRE GÉNÉRAL.

N° 32.

« Paris, le 6 décembre 1856.

» Monsieur,

» J'ai reçu, avec la lettre que vous m'avez écrite, le certificat qui y était joint, et qui constate l'énergie et le courage dont vous avez fait preuve dans un incendie qui a eu lieu au Mans le 16 novembre courant.

» Suivant votre désir, Monsieur, j'ai fait joindre cette pièce à votre dossier.

» Recevez, Monsieur, l'assurance de ma considération.

» *Le secrétaire général, signé :* DE BOUREUILLE. »

Comme complément de cette deuxième partie, je ferai connaître qu'en 1842, le 3e bataillon du 23e léger, en garnison à Lille, où j'avais l'honneur d'être sergent-fourrier de *carabiniers*, est allé à ***Roubaix*** pour y rétablir l'ordre troublé par la population soulevée contre un commissaire de police, qui avait arrêté arbitrairement une jeune fille de quatorze ans, qui mourut de saisissement quelques jours après. Notre chef de bataillon, M. *Pigeire*, fut légèrement blessé dans cette affaire. (***Notre général de brigade était M. Magnan, décédé maréchal de France.***)

NOTA. Les copies des pièces indiquées dans ce recueil sont annexées à mon dossier et dûment légalisées par un magistrat.

A. PIÉTREMONT.

Versailles. — Imp. CERF, rue de l'Orangerie, 36.

TROISIÈME PARTIE.

EXTRAITS DES DIVERS JOURNAUX

QUI CONCERNENT M. PIÉTREMONT.

TROISIÈME PARTIE.

EXTRAITS DES DIVERS JOURNAUX

QUI CONCERNENT M. PIÉTREMONT.

AFFAIRE DE LA ROUTE IMPÉRIALE N° 31, de Rouen à Reims,

Partie comprise entre Beauvais et la limite de la Seine-Inférieure.

DÉPARTEMENT
de l'Oise.

ARRONDISSEMENT
DE
BEAUVAIS.

CANTON D'AUNEUIL.

COMMUNE DE
VILLERS-S.-BARTHÉLEMY.

1re *DIVISION.*

1er BUREAU

N° 4165.

OBJET.

Route impériale n° 31.
Suppression des cassis.

« Villers-Saint-Barthélemy, le 4 mars 1855.

Le Maire de la Commune de Villers-Saint-Barthélemy à M. le conducteur Piétremont.

» Monsieur le conducteur,

» N'ayant pu vous voir hier à Beauvais, selon mon désir, je m'empresse de vous informer que madame la baronne de Latour du Pin veut bien contribuer à la suppression des cassis de la route impériale n° 31, en vous donnant pour cinquante francs de bois propre à la confection des garde-corps.

» Dans le cas où le bois ne vous serait pas nécessaire en totalité, vous pourrez avoir de la chaux en remplacement, en vous entendant avec moi, afin de ne rien changer à la souscription de madame la baronne de Latour du Pin.

» La commune de Villers a trop à faire pour ses chemins, pour pouvoir prendre part à la souscription que vous avez provoquée avec tant de succès.

» Agrez, Monsieur, l'assurance de ma parfaite considération.

» *Le Maire :* BACLET. »

OISE.

ARRONDISSEMENT DE BEAUVAIS.

CANTON D'AUNEUIL.

COMMUNE D'ONS-EN-BRAY.

Allocation d'une sommme de 80 fr. pour la suppression des cassis existant sur la route impériale n° 31 de Rouen à Reims.

Extrait du registre des délibérations du Conseil municipal

DE LA COMMUNE D'ONS-EN-BRAY.

« L'an mil huit cent cinquante-cinq, le quinze février, la commission municipale de la commune d'Ons-en-Bray s'est réunie au lieu ordinaire de ses séances, sur la convocation par lettres individuelles de M. le Maire et sous sa présidence.

» Sont présents : MM. Séguin, Siou, Legendre, Blond, Delagrange, Lebis, Boulanger, Leger, Maigret et Delié.

» M. le Président a exposé que l'administration des ponts et chaussées a l'intention de supprimer tous les cassis existant sur la route impériale n° 31 de Rouen à Reims ;

» Qu'une souscription a été ouverte à cet effet, et qu'un grand nombre d'habitants des communes dont le territoire est traversé par ladite route y ont pris part,

» Que la commune est intéressée à ladite suppression ;

» En conséquence, il propose à la commission de voter telle somme qu'il lui plaira pour l'exécution des travaux relatifs à la suppression desdits cassis.

» La commission :

» Ouï la proposition de M. le Maire, et la prenant en considération, est d'avis, à l'unanimité, qu'il soit prélevé une somme de quatre-vingts francs sur les fonds libres de la commune pour travaux de suppression desdits cassis.

» Fait et délibéré à Ons-en-Bray, les jour, mois et an que dessus, et ont, les membres présents, signé après lecture.

» *Ainsi signé au registre :* SIOU, SÉGUIN, BLOND, LEGENDRE, LEBIS, DELAGRANGE, LEGER, BOULANGER, MAIGRET et DELIÉ.

» Pour extrait conforme :

A Ons-en-Bray, le 22 février 1855.

» *Le Maire de la commune,*

» DELIÉ. »

Cassis de la route de Beauvais.

Des travaux bien utiles, et qui méritent d'être signalés, viennent d'être exécutés sur la route de Gournay à Beauvais ; les cassis de cette route ont été supprimés, et ils sont remplacés par des ponts en briques. Ces travaux sont dus à l'intelligente initiative de M. Piétremont, conducteur des ponts et chaussées à Beauvais, qui, par ses démarches, a su obtenir des souscriptions soit en briques, soit en argent, de diverses personnes habitant les communes de Saint-Germer, Cuigny, Espaubourg, Saint-Aubin, Ons-en-Bray, Villers-Saint-Barthélemy, Rainvillers, etc., etc. Parmi celles qui ont le plus puissamment contribué par leur souscription à cette utile entreprise, nous croyons devoir citer madame la baronne de Latour du Pin, M. de Saint-Germain, membre du Conseil général de l'Oise, et M. Joseph Villers, entrepreneur de services à Gournay.

Maintenant, il s'agit d'entreprendre un nouveau travail ; c'est celui à exécuter à la côte du Bois des Dames dite du Pont-qui-Penche ; mais, pour cela, de nouvelles souscriptions sont devenues indispensables, car les ressources dont pouvait disposer M. Piétremont sont épuisées. Il nous semble qu'il suffit de signaler cette amélioration à apporter à une route qui, par suite du chemin de fer, doit acquérir une grande importance, pour être certain que les souscripteurs ne failliront pas à cette nouvelle entreprise.

(*Courrier de Gournay*, 29 mai 1855.)

Dans le département de l'Oise, j'ai été chargé du service de la route impériale n° 31, de Rouen à Reims, partie comprise entre Beauvais et la limite du département de la Seine-Inférieure.

Il existait, sur cette partie de route, des cassis pour faciliter l'écoulement des eaux ; ces cassis entravaient la circulation ou brisaient les essieux des voitures. Pendant les temps de neige et de glace, les chevaux s'abattaient ; les cantonniers perdaient un temps immense pour casser la glace, le service en souffrait, la circulation se trouvait entravée, et l'intérêt général était compromis.

La population réclamait ouvertement la suppression de ces cassis, qui étaient au nombre de onze. Il y en avait un principalement au lieu dit le Pont-qui-Penche, qu'il était impossible de franchir à l'époque des pluies torrentielles : en cet endroit, l'eau s'élevait à près d'un mètre de hauteur, les piétons passaient sur une planche de la largeur de 80 centimètres, fixée sur le côté droit de la route ; elle était souvent pourrie et compromettait la sûreté des voyageurs. Je fus étonné qu'un pareil état de choses existât à dix-huit lieues de la capitale.

Il me vint à l'idée, puisque la population réclamait que les cassis fussent remplacés par des pontceaux, d'ouvrir une souscription pour pouvoir faire cette grande opération dans la même année.

J'ai parlé de mon projet à plusieurs propriétaires riverains, qui m'ont engagé à ne pas l'abandonner ; ils se sont inscrits sur ma liste, et 267 personnes ont pris part à cette souscription, en fournissant : briques, chaux, bois, sable, tuyaux, marne, charrois, argent, et cette souscription s'est élevée à 2,479 fr. 20 c.

Cette souscription n'a été ouverte que d'après le consentement de MM. Lepère et Lemaire, ingénieurs, sous les ordres desquels j'étais placé. Ces travaux ont commencé le 1er mars 1855 ; ils étaient terminés au 1er septembre même année, et j'avais fait construire dix petits aqueducs avec des tuyaux en grès de 20 à 30 centimètres, et un joli pontceau avec parapet en briques de $1^{m},20$ d'ouverture, et sur une largeur de 14 mètres entre les têtes.

SOUSCRIPTION.

Briques	36,600		× 28,00 =	1,024	80
Chevaux	190	jours	× 5,00 =	950	»
Chaux	60	hect.	× 1,50 =	90	»
Sable............	170	mètres	× 1,00 =	170	»
Tuyaux en grès.	61	mètres	× 1,50 =	91	50
Argent....................................				72	»
Marne	80	voitures	× 1,00 =	80	»
Ciment				8	»
Journées d'ouvriers..........	6	journées	× 2,00 =	12	»
			Total...........	2,498	30

J'ai été obligé de faire des dépenses supplémentaires pour les nombreuses courses concernant la suppression des cassis, opération qui a duré près de sept mois, et mes dépenses se sont élevées à une somme de 250 à 300 fr. au plus.

Je viens réclamer à S. Exc. M. le Ministre de l'agriculture, du commerce et des travaux publics, d'examiner cette affaire et me faire payer *la somme de* 250 *fr.* pour mes frais de déplacement au sujet de cette utile opération, somme qui m'est légitimement due.

A. Piétremont.

Nota. Dans mon second Mémoire, je ferai connaître la conduite de M. l'ingénieur Lemaire à mon égard, et au sujet de cette utile opération.

« M. Piétremont, de Saint-Cloud, conducteur des ponts et et chaussées, a publié, dans l'un des grands journaux de Paris, un Mémoire sur des améliorations à introduire dans le corps des cantonniers, qui n'intéresse pas moins de quarante mille chefs de famille en France, et qui a été adressé au ministre des travaux publics de l'Empereur et à l'Empereur.

» M. Piétremont nous communique aujourd'hui une note relative à la reconstruction de l'église de Saint-Cloud.

» La commune de Saint-Cloud, par suite de la résidence impériale et de son heureuse situation, voit s'accroître chaque jour sa population. L'église actuelle est depuis longtemps insuffisante pour le nombre des habitants, et la reconstruction d'un nouveau temple, plus en harmonie avec les besoins du culte, est décrétée. L'Empereur a souscrit pour une somme de cinquante mille francs.

» M. Piétremont émet le vœu que l'on profite des heureux avantages que présente la situation topographique de l'église existant aujourd'hui, pour élever un monument à la hauteur de notre siècle, auquel on appliquerait le mode de construction mixte, de fer et de fonte, qui a présidé à l'édification de l'église Saint-Eugène, à Paris.

» Espérons que ces efforts seront couronnés de succès, et que le pittoresque coteau sur lequel existe l'église actuelle verra bientôt s'élever un édifice digne de notre époque religieuse. »

(*Journal de Seine-et-Oise*, 6 octobre 1858.)

Nous avons annoncé dimanche qu'une société de secours mutuels, à laquelle participeraient tous les ouvriers de Castets, était en voie de formation. Nous sommes heureux, en confirmant cette nouvelle, d'annoncer qu'une réunion préparatoire a eu lieu le 15 mai, à l'issue des vêpres, sous la présidence de M. le Maire de Castets. Toute la population du bourg s'était rendue à la séance. Dimanche prochain, on discutera les bases premières de cette institution, qui doit apporter, sous une intelligente impulsion, de si profondes améliorations dans le sort de cette intéressante population des chantiers, dont le sort est désormais assuré. »

(*Courrier de Dax*, 19 mai 1861.)

« On nous écrit de Castets qu'une Société de secours mutuels vient de se constituer dans cette localité sous les auspices de M. Sescousse, greffier de la justice de paix. Les membres du bureau sont : M. le curé, M. le juge de paix et M. Piétremont, conducteur des ponts et chaussées.

» Notre correspondant ajoute qu'on s'occupe d'organiser dans la même commune une compagnie de sapeurs-pompiers. Castets et ses environs, notamment les forêts d'arbres-pins, sont trop fréquemment exposés à des incendies, pour que nous n'applaudissions pas à cette mesure. »

(*Réveil des Landes*, 30 août 1862.)

De l'armée et des chemins vicinaux.

« Depuis de longues années, MM. les ingénieurs, les fonctionnaires et les écrivains de toutes les nuances se sont occupés de l'amélioration des routes ; mais on n'est pas encore arrivé à avoir dans toute l'étendue de l'empire de bonnes routes et principalement des chemins vicinaux et des routes agricoles.

» Que faut-il cependant pour faire fleurir l'agriculture, le commerce, les arts et les travaux publics ? De bonnes routes ; non-seulement de belles voies de fer ou en empierrement qui traversent la France du nord au sud et de l'est à l'ouest, mais encore des chemins qui lient les villages entre eux, qui aboutissent aux grandes routes et aux chemins de fer et soient l'objet d'une attention constante de la part de l'État.

» On a, il est vrai, obtenu quelques résultats ; mais ces résultats n'ont été conquis que par d'énormes sacrifices d'argent et avec une lenteur désespérante. Nous croyons qu'on aurait pu éviter de pareilles dépenses et agir avec plus d'activité, en utilisant des milliers d'hommes qui ne font rien et qui gémissent de ne rien faire.

» En les occupant, on rendrait service à la société et à eux-mêmes.

» Nous voulons parler de l'armée. Que fait-elle pendant les jouissances de la paix ? Presque rien : elle passe six mois de l'année à faire des manœuvres ; mais, aussitôt l'inspection générale terminée, elle reste pendant la durée de l'automne et de l'hiver dans la plus complète inaction. Ne serait-il pas préférable d'occuper ces milliers d'hommes à la construction des voies de communication ?

» Nous citerons des exemples à l'appui de ce raisonnement : Les Romains, nos maîtres en toutes choses, n'employaient-ils pas pendant la paix leurs soldats aux travaux d'art et d'utilité publique ?

» Le pont du Gard, le Colysée, les Thermes de Julien n'en sont-ils pas un irrécusable témoignage, et la Champagne elle-même n'est-elle pas sillonnée de belles voies qui la traversent dans tous les sens et dont la solidité a résisté à toutes les épreuves du temps ?

» Suivons l'exemple des Romains ; occupons nos soldats aux travaux publics, après que l'instruction militaire et que les campagnes sont terminées.

» Ce système nous donnerait de bons soldats d'abord et des ouvriers utiles ensuite.

» Il n'est même pas besoin de remonter au temps des Romains ; aux dix-septième et dix-huitième siècles, les troupes n'ont-elles pas été occupées à la construction des routes, aux fortifications ? Et si nous voulions abuser ici du domaine de l'histoire, n'y aurait-il pas encore un grand nombre de faits à citer ?

» On devrait, croyons-nous, adopter ce système dans toute l'étendue de l'empire ; le soldat serait parfaitement heureux, il y aurait économie pour les habitants, et, avec l'économie intelligente ainsi obtenue, on pourrait exécuter d'autres travaux non moins utiles.

» Nous pouvons disposer au minimum, dans toute l'étendue de la France, de 100 à 120,000 hommes, rien qu'à la construction de ces voies de communication, depuis le 15 août jusqu'au 15 décembre, soit une moyenne de quatre mois, et près de 500,000 journées de travail.

» Le soldat pourrait être payé 75 centimes par jour ; l'économie est incontestable ! ! !...

» Les soixante-quinze centimes qui seraient alloués à

chaque soldat pourraient être employés de la manière suivante : un tiers versé à la masse, un autre tiers à l'amélioration de sa nourriture, enfin le troisième lui serait donné à titre de solde.

» Les compagnies pourraient être logées dans les villages qui sont situés à peu de distance des routes, et je puis assurer, par expérience, que les habitants trouveraient là une source lucrative de commerce et tous les bénéfices d'une industrie sûre et durable. Qu'on nous permette un exemple à l'appui de cette proposition : Sur la route agricole n° 1 de Dax à Castets, tout près de nous, il est presque impossible, en exagérant même le salaire journalier, de trouver des ouvriers supplémentaires pour l'entretien de cette importante voie de communication. S'il y avait à Dax une garnison de 300 hommes, il serait facile d'obvier à ce grave inconvénient. — Le fait que nous signalons existe dans d'autres localités.

» A. Piétremont. »

(*Courrier de Dax*, 6 octobre 1861.)

Sciences appliquées.

« Nous ne connaissons pas, en France, de contrée où l'ouverture des voies de communication ait produit et soit appelée à produire des résultats plus saisissants que dans les Landes. En moins de trente ans, ces steppes perdues entre l'Océan et les zones si fertiles du Midi ont subi une transformation telle que là où l'on ne voyait errer, perchés sur des échasses, que des pâtres solitaires et misérables, s'élèvent aujourd'hui des fermes et des châteaux habités par des millionnaires. Bientôt on ne dira plus : *Riche comme Crésus*, mais seulement : *Riche comme un Landais*. En effet, le million, cet enfant naturel des échanges, y naît du commerce de plus en plus étendu de la résine, du goudron, du charbon de bois, en un mot, des essences de cette riche contrée. La voie ferrée qui la sillonne dans toute sa longueur, les routes agricoles qui la traversent ont inauguré cette ère de prospérité dont il serait téméraire de prévoir les développements. Tout ce qui est de nature à favoriser ce mouvement de transformation mérite d'être signalé à la reconnaissance publique. Ainsi, nous applaudissons à l'amélioration de la viabilité de la route agricole N° 1, qui relie Dax à plusieurs centres importants, tels que Herm, Gourbra, Castets, Linx et Saint-Girons.

» Nous en dirons autant de la route agricole qui vient d'être ouverte entre Laluque et Saint-Girons. Cette nouvelle voie, qui communique directement avec le chemin de fer, facilitera, comme la première, les transports du roulage et les relations d'une contrée populeuse avec l'Océan et ses établissements de bains.

» On a remarqué, à l'occasion de ces travaux de viabilité, des progrès notables dus à l'intelligente direction des ponts et chaussées. Les nouvelles voies ont été plantées, sur tout leur parcours, d'arbres utiles, parmi lesquels on distingue le chêne-liége et les essences du pays. Des bancs peints en vert sont échelonnés de distance en distance, pour le plus grand avantage des piétons. Nous sommes heureux de citer ici le nom du conducteur qui a présidé aux travaux de la route N° 1, M. Piétremont. Il est juste de faire honneur à son zèle éclairé des améliorations que nous venons de constater ; car chacun sait de quel poids pèse, dans l'exécution d'une entreprise quelconque, l'influence d'une bonne direction. »

(*Courrier des Familles*, 10 avril 1865.)

NOTA. Un grand nombre de propriétaires riverains y contribuèrent par des dons d'arbres, charrois, tuteurs, et l'économie réelle a été de 2,500 fr.

UNE preuve sur DIX.

« J'autorise M. Piétremont à prendre dans ma pépinière une centaine de chênes.

» Linx, le 23 mars 1863.

» CH. BOULART. »

Maire de Linx et parent de M. l'ingénieur Crouzet. Ce même propriétaire a fait un second présent d'arbres de 125 pieds (essence de chêne).

Je termine ce premier Mémoire, sans récriminations, sans appréciations, sans aucun commentaire.

Quant à la somme que j'ai toujours le droit de réclamer,

et dont il est question dans cette troisième partie, page 57, à propos de l'amélioration de la viabilité de la route impériale, n° 31, de Reims à Rouen (partie comprise entre Beauvais et la limite du département de la Seine-Inférieure), je l'abandonne volontiers à l'œuvre de l'Orphelinat impérial.

A. PIÉTREMONT.

FIN DU PREMIER MÉMOIRE.

Versailles. — Imprimerie de BEAU jeune, rue de l'Orangerie, 36.

www.ingramcontent.com/pod-product-compliance
Lightning Source LLC
LaVergne TN
LVHW020436230826
846091LV00004B/1520

* 9 7 8 2 0 1 1 7 6 9 6 8 8 *